SHANG YANG BIOGRAPHY

商鞅传

中国历史名人传记

QING QING JIANG

江清清

PREFACE

I am excited to welcome you to the Chinese Biography series. In this series, we will discover lives of some of the most famous people from Chinese history. Each book will introduce a famous Chinese personality whose contributions were immense to shape China's future. The books in Biography series contain numerous lessons in Mandarin Chinese. We start with a brief introduction of the book in the preface (前言), a bit detailed introduction to the person, and continue to dig his life and relevant issues. Each book contains 6 to 10 chapters made of simple Chinese sentences. For the readers' convenience, a comprehensive vocabulary has been provided at the beginning of each chapter. The pinyin for the Chinese text is provided after the main text. Further, to enforce a deeper Chinese learning, the English interpretation of the Chinese text has been purposely excluded from the books. This would help the readers think deeply about the contents the way native Chinese do! In order to help the students of Mandarin Chinese remember important characters, words, long words, idioms, etc., these entities have been purposely repeated throughout the book, and across the books in the series. Taken together, the books in Biography series will tremendously help readers improve their Chinese reading skills.

If you have any questions, suggestions, and feedbacks, feel free to let me know in the review or comments.

You can find more about China and Chinese culture on my blog and Amazon homepage.

I blog at:

www.QuoraChinese.com

-Qing Qing

江清清

©2022 Qing Qing Jiang

All rights reserved.

MOST FAMOUS & TOP INFLUENTIAL PEOPLE IN CHINESE HISTORY

SELF-LEARN READING MANDARIN CHINESE, VOCABULARY, EASY SENTENCES, HSK ALL LEVELS

(PINYIN, SIMPLIFIED CHARACTERS)

ACKNOWLEDGMENTS

I am a blogger. It has been a long and interesting journey since I started blogging quite a few years ago.

The blogging passion enabled me to write useful contents. In particular, I have been writing about China, and its culture.

My passion in writing was supported by my friends, colleagues, and most importantly, the almighty.

I thank everyone for constantly inspiring me in my life endeavours.

CONTENTS

PREFACE 2
ACKNOWLEDGMENTS 4
CONTENTS 5
LIFE (人物生平) 8
GO FOR SHELTER TO THE STATE OF QIN (投奔秦国) 19
CONTEMPLATION OF REFORMS (酝酿变法) 25
IMPLEMENTATION OF POLITICAL REFORMS (实施变法) 31
FALSELY ACCUSED AND KILLED (诬告被杀) 36
LEGACY (个人影响) 42

前言

　　商鞅变法是中国历史上一个非常重要的事件，可以说商鞅是决定秦国命运的一个人。如果没有商鞅变法，就没有当时的逐渐强大的秦国，也没有后来一统天下的秦朝。商鞅生在战国时期，我们都知道战国时期，诸子百家，战国群雄纷纷登上了历史舞台，割据纷争不断。正所谓时势造英雄，这句话用在商鞅身上再合适不过了。身在乱世，这不是商鞅能够选择的，但尽管在这种环境下，商鞅的才能并没有被埋没，反而显得愈发的亮眼，正好应了那句俗话，是金子总会发光的。虽然商鞅为秦国做出了很大的贡献，但是最后也是落得一个十分悲惨的结局。这究竟是怎么一回事呢？让我们深入到那个时期，去感受商鞅所经历的种种吧。

Shāngyāng biànfǎ shì zhōngguó lìshǐ shàng yīgè fēicháng zhòngyào de shìjiàn, kěyǐ shuō shāngyāng shì juédìng qín guó mìngyùn de yīgè rén. Rúguǒ méiyǒu shāngyāng biànfǎ, jiù méiyǒu dāngshí de zhújiàn qiángdà de qín guó, yě méiyǒu hòulái yītǒng tiānxià de qín cháo. Shāngyāng shēng zài zhànguó shíqí, wǒmen dōu zhīdào zhànguó shíqí, zhū zǐ bǎi jiā, zhànguó qúnxióng fēnfēn dēng shàngle lìshǐ wǔtái, gējù fēnzhēng bùduàn. Zhèng suǒwèi shíshì zào yīngxióng, zhè jù huà yòng zài shāngyāng shēnshang zài héshì bùguòle. Shēn zài luànshì, zhè bùshì shāngyāng nénggòu xuǎnzé de, dàn jǐnguǎn zài zhè zhǒng huánjìng xià, shāngyāng de cáinéng bìng méiyǒu bèi máimò, fǎn'ér xiǎndé yù fā de liàng yǎn, zhènghǎo yīngle nà jù súhuà, shì jīnzi zǒng huì fāguāng de. Suīrán shāngyāng wéi qín guó zuò chūle hěn dà de gòngxiàn, dànshì zuìhòu yěshì luòdé yīgè shífēn bēicǎn de jiéjú. Zhè jiùjìng shì zěnme yī huí shì ne? Ràng wǒmen shēnrù dào nàgè shíqí, qù gǎnshòu shāngyāng suǒ jīnglì de zhǒngzhǒng ba.

LIFE (人物生平)

Shang Yang (商鞅, 390 BC-338 BC), a Pre-Qin Legalist (先秦法家), was a native of Wei (卫国人) during the Warring States Period (战国时期). His real name was 鞅 (surname: 姬). He was a statesman, reformer, thinker, and military strategist.

Since childhood, he liked to study the crimes and punishments. Shang Yang was greatly influenced by the reformers Li Kui (李悝, 455 BC-395 BC), and Wu Qi (吴起, ?-381 BC).

He went to Qin in 361 BC and won the trust of King Ping of Qin (秦平王, 381 BC - 338 BC). King Ping's real name was Ying Quliang (嬴渠梁). The king ruled the state of Qin from 361 BC - 338 BC.

In response to King Ping of Qin's search for meritorious advisors, Shang Yang went to Qin and persuaded King Ping of Qin to reform the polity of the state. It is said that when Shang Yang defected to the Qin State, he took the "Fa Jing" 《法经》, also known as "Canon of Laws", written by Li Kui with him.

Shang Yang assisted King Ping of Qin to carry out political reforms. These reforms made the State of Qin a wealthy and powerful country.

In Chinese history, Shang Yang's reforms are known as Shang Yang Bian Fa (商鞅变法), meaning "Shang Yang's Reform". Politically, he formulated harsh laws and reformed Qin's household registration system (秦国户籍), ranks and titles of the nobilities (爵位), land system (土地制度), administrative divisions (行政区划), taxation (税收), weights and measures (度量衡), and local customs and traditions (民风

民俗). Economically, he advocated emphasizing agriculture and suppressing trade (重农抑商), rewarding farming and warfare (奖励耕战). Militarily, he led the Qin army to regain the land of Hexi (河西, the region west of the Yellow River). Because of his meritorious service in the battle of Hexi, the king of Qin gave him the title of Shang. So, he was called Shang Yang in the history.

With these reforms and achievements, his stature became stronger and stronger.

When Shang Yang reforms were implemented, the Crown Prince Qian (公子虔, Yingqian, 嬴虔) broke the law, and the prince was punished. Later, because he violated other laws, the prince was tortured to have the bridge of his nose cut out (挖去鼻梁), and then he was not allowed to go outside for eight years.

In 338 BC, King Ping of Qin died. He was succeeded by his son, Crown Prince Qian, who was known as King Huiwen of Qin (秦惠文王).

King Huiwen accused Shang Yang for ten major crimes, including rebellion against the state. Shang Yang was also framed by the nobles.

Shang Yang was defeated and died in Tongdi (彤地), located in the southwest of the modern Huazhou District, Weinan City, Shaanxi Province (今陕西省渭南市华州区西南). His body was transported to Xianyang (咸阳), the Qin capital. Subsequently, his body was subjected to the "Car Split" (车裂, Cart Split), and his whole family was also killed.

Car Split was a punishment in ancient China. This punishment was used for tearing a person's body apart (asunder) by five carts simultaneously moving in different directions. Basically, King Huiwen of Qin killed Shang Yang and his family.

Car Split.

Judging Shang Yang's role in the history

Shang Yang cannot be judged by today's moral standards, nor can he be evaluated by Confucian ideology. Rather, he should be viewed based on existing social conditions of that time. In troubled times, only reformed and powerful countries could survive. This principle is still applicable today: If survival cannot be assured, it is useless to talk about benevolence, righteousness, and morality.

Shang Yang assisted King Ping of Qin and actively implement political reforms. It can be said that the strength of the Qin state had a lot to do with it. Without Shang Yang's reforms, the troubled times of the Warring States period would probably continue for hundreds of years.

The appearance of Shang Yang provided the Qin State with the theoretical basis and legal principles for reforming a country. Shang Yang always advocated severe punishments, strict laws, and generous rewards for good deeds. He treated illegal acts very seriously. Even if the prince broke the law, Shang Yang made no exceptions.

Similarly, for those who made contributions, regardless of their social status, they would be rewarded, and awarded the titles according to the laws of the Qin state. Therefore, through the reforms of Shang Yang, the Qin army was built into a powerful military force that clearly knew how to pursue military exploits. The discipline and combat effectiveness of the Qin army were the strongest during the Warring States period, which is one of the reasons why the Qin State could unify the Warring States (战国) to establish the Qin Empire.

However, almost all political reforms and reformers in history had to go through lots of chaotic situations, with bloodshed not being an exception. Because there were too many corrupt and careerist forces, the reforms affected the interests of many in the Qin's ruling echelon. A large number of new generation officials supported the reform, but the old aristocratic class of the Qin State were not willing to accept the reforms. Rather, they were just waiting for the opportunity to revenge.

Shang Yang was able to carry out reforms successfully because King Ping of Qin supported him. During the Warring States Period, Qin State was neither the first, nor the last state to opt for the reforms. However, it was the Qin that carried out the most successful reforms, while in the other states, a lot depended on the mood and attitude of the monarch. Hence, it was difficult to have such a complete support for the reform as Qin king provided to Shang Yang. The Qin king always supported Shang Yang. For example, even when Shang Yang wanted to punish the crown prince, the king supported Shang Yang. This kind of persistent attitude of support to Shang Yang was the foundation for the success of Shang Yang's reforms, and his stature.

Unfortunately, everything changed with Qin king's death. The old aristocrats, who earlier unwillingly supported reforms, all came out in the open against Shang Yang at the beginning of King Huiwen's accession. However, the one who convicted Shang Yang was Qin Huiwen, the new monarch of the Qin State. According to the records in the Historical Records by Sima Qian《太史公记》, there was no evidence of treason by Shang Yang. Just because of the false accusations, King Huiwen sent troops to capture Shang Yang. At this time, Shang Yang realized that it was not that he had committed a crime, but that King Huiwen wanted to arrest him. Shang Yang realized that he would be tortured, and most likely killed by the new monarch. So he chose to run away. He fled. However, Shang Yang's escape route was very strange and unreasonable.

According to Historical Records, Shang Yang fled to the east of Qin State. He first fled to the eastern border and wanted to stay in a guesthouse. However, due to his own laws, no one was allowed to stay in a guesthouse without official documents. So Shang Yang himself could not stay in the guesthouse. Shang Yang fled to Wei State, but the people of Wei State did not open the city gate and refused Shang Yang's entry. This was because Shang Yang had previously used deceitful methods to negotiate with Wei. So Shang Yang had to flee south to his own fief.

Despite all his efforts to flee, Shang Yang was finally killed. In fact, his whole family was wiped out.

EARLY LIFE (早年生活)

1	效力	Xiàolì	Render a service to; serve; effect
2	以为	Yǐwéi	Think; believe; consider
3	不然	Bùrán	Not so; not the case; no
4	没落	Mòluò	Decline; wane; sinking
5	贵族	Guìzú	Noble; nobleman; aristocrat; nobility
6	出身	Chūshēn	Class origin; family background
7	在当时	Zài dāngshí	At that time; in those days
8	不凡	Bùfán	Out of the ordinary; out of the common run; outstanding; uncommon
9	优越	Yōuyuè	Superior; advantageous
10	不起眼	Bù qǐyǎn	Not eye-catching
11	战国	Zhànguó	Warring states
12	群雄	Qúnxióng	A group of independent warlords
13	争霸	Zhēngbà	Contend for hegemony; scramble for supremacy; seek hegemony
14	强盛	Qiáng shèng	Powerful and prosperous
15	瓦解	Wǎjiě	Disintegrate; collapse; crumble; disorganize
16	甚至于	Shènzhì yú	Even (to the point of); so much so that
17	破灭	Pòmiè	Be shattered; fall through; evaporate; be disillusioned
18	可以说	Kěyǐ shuō	It is not too much to say
19	从小	Cóngxiǎo	From childhood; since one was very young; as a child
20	才华	Cáihuá	Literary or artistic talent; rich talent;

			talent; gifts
21	有才能	Yǒu cáinéng	Able
22	眼界	Yǎnjiè	Field of vision; outlook
23	非常高	Fēicháng gāo	Very high; Extremely high; Very tall
24	远大	Yuǎndà	Long-range; broad; ambitious
25	抱负	Bàofù	Aspiration; ambition; lofty aim
26	一生	Yīshēng	A lifetime; all one's life; throughout one's life
27	小国	Xiǎoguó	A small country; microstate
28	碌碌无为	Lùlù wúwéi	Though seemingly always on the run, he accomplishes nothing
29	发挥	Fāhuī	Bring into play; give play to; give scope to; give free rein to
30	才能	Cáinéng	Talent; ability; gift; aptitude
31	于是	Yúshì	Thereupon; hence; consequently; as a result
32	那就是	Nà jiùshì	That is; that is to say
33	离开	Líkāi	Leave; depart from; deviate from; departure
34	寻求	Xúnqiú	Seek; explore; go in quest of; pursue
35	寻找	Xúnzhǎo	Seek; look for; search; searching
36	适合	Shìhé	Rightness; trim; appositeness; suit
37	自己的	Zìjǐ de	Self
38	一开始	Yī kāishǐ	In the outset
39	而是	Ér shì	Not this, but that
40	来到	Lái dào	Arrive; come
41	强大	Qiángdà	Big and powerful; powerful; formidable
42	足以	Zúyǐ	Enough; sufficient
43	施展	Shīzhǎn	Put to good use; give free play to
44	情有可原	Qíng yǒu kě	Excusable; it is excusable

		yuán	
45	看出	Kàn chū	Make out; perceive; find out; be aware of
46	可惜	Kěxí	It's a pity; too bad; unfortunately
47	君主	Jūnzhǔ	Monarch; sovereign
48	赏识	Shǎngshì	Recognize the worth of; appreciate; win recognition from somebody
49	不俗	Bù sú	Original; uncommon; not hackneyed
50	空谈	Kōngtán	Indulge in empty talk; empty talk; idle talk; prattle
51	可造之才	Kě zào zhī cái	A person suitable for training; a promising person
52	意识到	Yìshí dào	Realize; be conscious/aware of
53	他自己	Tā zìjǐ	Himself
54	所以	Suǒyǐ	So; therefore; as a result
55	最终	Zuìzhōng	Final; ultimate
56	下去	Xiàqù	Go down; descend; down
57	只能	Zhǐ néng	Can only
58	好好	Hǎohǎo	In perfectly good condition; very good; earnestly
59	抓住	Zhuā zhù	Catch hold of; grip; capture; grasp
60	放弃	Fàngqì	Give up; abandon
61	他们的	Tāmen de	Their; theirs
62	损失	Sǔnshī	Lose; loss; wastage

Chinese (中文)

虽然商鞅为秦国效力，很多人以为商鞅是秦国人，其实不然，商鞅出生于卫国，身在一个没落的贵族家庭，其实这出身放在当时也不凡，算是比较优越的了。但是在当时，卫国是一个不起眼的小国。

战国时期群雄争霸，卫国虽然曾经强盛过，但是由于君主的腐败，内部逐渐瓦解，曾经强大的统治集团变得逐渐衰落，甚至于破灭的地步。所以卫国在行事方面，很多时候都受制于人，可以说是毫无发展可言。

商鞅从小就受到高等的教育，既有才华也有才能，同时也是一个眼界非常高的人。他具有远大的抱负和理想，他不想一生就在这个小国碌碌无为。

他深知在卫国是没有他发挥才能的机会的，于是他做了一个很关键的决定，那就是离开卫国，寻求更多的发展机会，寻找适合自己的地方。

但商鞅并不是一开始就选择了秦国，而是先来到了魏国。在当时，魏国也是一个很强大的国家，足以施展他的才能了，所以商鞅选择魏国也情有可原，从中我们也可以看出商鞅的眼界高。

但可惜的是，商鞅并没有得到魏国君主的赏识。尽管有人看出了商鞅的不俗之处，但是也只停留在欣赏而已，没有权利，一切都空谈。有人跟魏国君主说商鞅是个可造之才，就算不重用他也不能让他为其他国家所用，但是魏国君主并没有意识到这一点，仍然坚持他自己的主张。

所以最终商鞅在魏国也待不下去了，只能转而寻求其他的国家。而魏国没有好好抓住商鞅放弃了他，这也是他们的一大损失吧。

Pinyin (拼音)

Suīrán shāngyāng wéi qín guó xiàolì, hěnduō rén yǐwéi shāngyāng shì qínguórén, qíshí bùrán, shāngyāng chūshēng yú wèi guó, shēn zài yīgè mòluò de guìzú jiātíng, qíshí zhè chūshēn fàng zài dāngshí yě bùfán, suànshì bǐjiào yōuyuè dele. Dànshì zài dāngshí, wèi guó shì yīgè bù qǐyǎn de xiǎoguó.

Zhànguó shíqí qúnxióng zhēngbà, wèi guó suīrán céngjīng qiángshèngguò, dànshì yóuyú jūnzhǔ de fǔbài, nèibù zhújiàn wǎjiě, céngjīng qiángdà de tǒngzhì jítuán biàn dé zhújiàn shuāiluò, shènzhì yú pòmiè dì dìbù. Suǒyǐ wèi guó zài háng shì fāngmiàn, hěnduō shíhòu dōu shòuzhìyúrén, kěyǐ shuō shì háo wú fāzhǎn kě yán.

Shāngyāng cóngxiǎo jiù shòudào gāoděng de jiàoyù, jì yǒu cáihuá yěyǒu cáinéng, tóngshí yěshì yīgè yǎnjiè fēicháng gāo de rén. Tā jùyǒu yuǎndà de bàofù hé lǐxiǎng, tā bùxiǎng yīshēng jiù zài zhège xiǎoguó lùlù wúwéi.

Tā shēn zhī zài wèi guó shì méiyǒu tā fāhuī cáinéng de jīhuì de, yúshì tā zuòle yīgè hěn guānjiàn de juédìng, nà jiùshì líkāi wèi guó, xúnqiú gèng duō de fǎ zhǎn jīhuì, xúnzhǎo shìhé zìjǐ dì dìfāng.

Dàn shāngyāng bìng bùshì yī kāishǐ jiù xuǎnzéle qín guó, ér shì xiān lái dàole wèi guó. Zài dāngshí, wèi guó yěshì yīgè hěn qiángdà de guójiā, zúyǐ shīzhǎn tā de cáinéngle, suǒyǐ shāngyāng xuǎnzé wèi guó yě qíng yǒu kě yuán, cóngzhōng wǒmen yě kěyǐ kàn chū shāngyāng de yǎnjiè gāo.

Dàn kěxí de shì, shāngyāng bìng méiyǒu dédào wèi guó jūnzhǔ de shǎngshì. Jǐnguǎn yǒurén kàn chūle shāngyāng de bù sú zhī chù, dànshì yě zhī tíngliú zài xīnshǎng éryǐ, méiyǒu quánlì, yīqiè dōu kōngtán.

Yǒurén gēn wèi guó jūnzhǔ shuō shāngyāng shìge kě zào zhī cái, jiùsuàn bù chóng yòng tā yě bùnéng ràng tā wéi qítā guójiā suǒyòng, dànshì wèi guó jūnzhǔ bìng méiyǒu yìshí dào zhè yīdiǎn, réngrán jiānchí tā zìjǐ de zhǔzhāng.

Suǒyǐ zuìzhōng shāngyāng zài wèi guó yě dài bù xiàqùle, zhǐ néng zhuǎn ér xúnqiú qítā de guójiā. Ér wèi guó méiyǒu hǎohǎo zhuā zhù shāngyāng fàngqìle tā, zhè yěshì tāmen de yī dà sǔnshī ba.

GO FOR SHELTER TO THE STATE OF QIN (投奔秦国)

1	离开	Líkāi	Leave; depart from; deviate from; depart
2	来到	Lái dào	Arrive; come
3	梦想	Mèng xiǎng	Dream of; vainly hope; pipe dream; woolgathering
4	开始	Kāishǐ	Begin; start; initiate; commence
5	地方	Dìfāng	Place; space; room; locality; local
6	从此以后	Cóngcǐ yǐhòu	From this moment on, henceforth
7	命运	Mìngyùn	Destiny; fate; lot; fortune
8	发生	Fāshēng	Happen; occur; take place; arise
9	翻天覆地	Fāntiān fùdì	Turn the world upside down; a tremendous change
10	变化	Biànhuà	Change; variety; transformation; variation
11	此时	Cǐ shí	This moment; right now; now
12	战国	Zhànguó	Warring states
13	眼里	Yǎn lǐ	Within one's vision; in one's eyes
14	鼎盛时期	Dǐngshèng shíqí	A period of great prosperity; at the height of power and splendor; heyday
15	于是	Yúshì	Thereupon; hence; consequently; as a result
16	颁布	Bānbù	Promulgate; issue; publish; proclaim
17	集思广益	Jísī guǎngyì	Benefit by mutual discussion; draw on collective wisdom and absorb all useful ideas
18	征集	Zhēngjí	Collect

19	富国强兵	Fùguó qiáng bīng	A prosperous state; a country with a powerful army
20	法子	Fǎ zi	Way; means; method
21	这种	Zhè zhǒng	This (kind of); such
22	情况	Qíngkuàng	Circumstances; situation; condition; state of affairs
23	下来	Xiàlái	Come down; come from a higher place; go among the masses
24	通过	Tōngguò	Pass through; get past; traverse; adopt
25	身边	Shēnbiān	At one's side
26	红人	Hóng rén	A favorite with somebody in power; fair-haired boy
27	之一	Zhī yī	One of
28	顺利地	Shùnlì dì	Smoothly; successfully;
29	见到	Jiàn dào	See; meet; perceive
30	第一次	Dì yīcì	First; for the first time
31	所谓	Suǒwèi	What is called
32	但是	Dànshì	But; however; yet; still
33	打瞌睡	Dǎ kēshuì	Doze off; nod
34	丝毫	Sīháo	The slightest amount or degree; a bit; a particle; a shred
35	不感兴趣	Bùgǎn xìngqù	Lose interest in
36	最后	Zuìhòu	Last; final; ultimate
37	出来	Chūlái	Come out; emerge
38	就此	Jiùcǐ	At this point; here and now; thus
39	放弃	Fàngqì	Give up; abandon; renounce
40	一段时间	Yīduàn shíjiān	A period of time
41	求见	Qiújiàn	Ask to see; request an interview;

			beg for an audience
42	这一次	Zhè yīcì	This time; on this occasion
43	王道	Wángdào	Kingly way; benevolent government
44	仍然	Réngrán	Still; yet; as usual; as before
45	不对	Bùduì	Incorrect; wrong
46	胃口	Wèikǒu	Appetite; belly; liking
47	赶走	Gǎn zǒu	Drive away; expel; throw out
48	第三次	Dì sān cì	Third time
49	思路	Sīlù	Train of thought; thinking; mentality
50	霸道	Bàdào	Strong; potent; rule by force of dictators
51	没有	Méiyǒu	Not have; there is not; be without
52	拒绝	Jùjué	Refuse; reject; turn down; decline
53	采纳	Cǎinà	Accept; adopt; take
54	接受	Jiēshòu	Accept; acceptance; reception
55	聪明人	Cōngmíng rén	A smart person, a man of brains
56	获得成功	Huòdé chénggōng	Win out; achieve success; get ahead; succeed
57	耗费	Hàofèi	Consume; expend; cost
58	取得成功	Qǔdé chénggōng	Achieve success; succeed; succeed in; be successful
59	捷径	Jiéjìng	Cut; shortcut; bee line
60	也就是	Yě jiùshì	Namely; i.e.; that is
61	感兴趣	Gǎn xìngqù	Be interested in
62	最后一次	Zuìhòu yī cì	The last time; once and for all; for the last time
63	果然	Guǒrán	Really; as expected; sure enough
64	意料	Yìliào	Expect; anticipate

65	入迷	Rùmí	Be fascinated; be obsessed with; be enchanted
66	这边	Zhè biān	This side; here
67	一连	Yīlián	In a row; in succession; running
68	所以	Suǒyǐ	So; therefore; as a result
69	取得	Qǔdé	Acquire; gain; obtain
70	支持	Zhīchí	Sustain; hold out; bear; support
71	序幕	Xùmù	Prologue; prelude
72	由此	Yóu cǐ	From this; therefrom; thus
73	揭开	Jiē kāi	Uncover; reveal; open; disclose

Chinese (中文)

从魏国离开后，商鞅便来到了秦国，这里也便是他梦想开始的地方。从此以后，商鞅的命运发生了翻天覆地的变化。

当时秦国在任的是秦孝公，此时的秦国并没有很强大，其他战国六雄也没把秦国放在眼里。但是秦孝公想要恢复之前鼎盛时期的状态，于是颁布求贤令，集思广益，征集富国强兵的法子。

商鞅也便是在这种情况下来到的秦国。他通过景监，秦孝公身边的红人之一，顺利地见到了秦孝公。

第一次见秦孝公，商鞅讲所谓的帝道给秦孝公听，但是秦孝公听了直打瞌睡，丝毫不感兴趣，最后还把商鞅给赶出来了。

但是商鞅并没有就此放弃，他过了一段时间后又来求见秦孝公，这一次他用的是王道之术。但是仍然不对秦孝公的胃口，秦孝公听了之后，还是把商鞅赶走了。

第三次商鞅换了一个思路，改用霸道之术。这一次，秦孝公并没有拒绝，但是也没有采纳接受。

商鞅是个聪明人，他大概能猜到秦孝公想要的是什么了。他前两次讲的王道帝道，当然也可以获得成功，但如果采用这种方法想要达到成功，需要耗费很长的时间。而秦孝公想要的是取得成功的捷径，也就是在最短的时间取得最大的成功。所以他讲的霸道之术，秦孝公会比较感兴趣。

最后一次，商鞅向秦孝公讲述了富国强兵之法。果然不出意料。这一次，秦孝公十分感兴趣，听的都快入迷了，还不由自主地往商鞅这边靠近，想要听的更清楚一些，仿佛怎么听也听不够，一连谈了好几天。

所以商鞅最后取得了秦孝公的支持，商鞅变法的序幕也由此揭开。

Pinyin (拼音)

Cóng wèi guó líkāi hòu, shāngyāng biàn lái dàole qín guó, zhèlǐ yě biàn shì tā mèngxiǎng kāishǐ dì dìfāng. Cóngcǐ yǐhòu, shāngyāng de mìngyùn fāshēngle fāntiānfùdì de biànhuà.

Dāngshíqín guó zàirèn de shì qín xiàogōng, cǐ shí de qín guó bìng méiyǒu hěn qiángdà, qítā zhànguó liù xióngyě méi bǎ qínguófàng zài yǎn lǐ. Dànshì qín xiàogōng xiǎng yào huīfù zhīqián dǐngshèng shí qí de zhuàngtài, yúshì bānbù qiú xián lìng, jísīguǎngyì, zhēngjí fùguó qiáng bīng de fǎzi.

Shāngyāng yě biàn shì zài zhè zhǒng qíngkuàng xiàlái dào de qín guó. Tā tōngguò jǐng jiān, qín xiàogōng shēnbiān de hóng rén zhī yī, shùnlì dì jiàn dàole qín xiàogōng.

Dì yīcì jiàn qín xiàogōng, shāngyāng jiǎng suǒwèi de dì dào gěi qín xiàogōng tīng, dànshì qín xiàogōng tīngle zhí dǎ kēshuì, sīháo bùgǎn xìngqù, zuìhòu hái bǎ shāngyāng gěi gǎn chūláile.

Dànshì shāngyāng bìng méiyǒu jiùcǐ fàngqì, tāguòle yīduàn shíjiān hòu yòu lái qiújiàn qín xiàogōng, zhè yīcì tā yòng de shì wángdào zhī shù. Dànshì réngrán bùduì qín xiàogōng de wèikǒu, qín xiàogōng tīng liǎo zhīhòu, háishì bǎ shāngyāng gǎn zǒule.

Dì sān cì shāngyāng huànle yīgè sīlù, gǎi yòng bàdào zhī shù. Zhè yīcì, qín xiàogōng bìng méiyǒu jùjué, dànshì yě méiyǒu cǎinà jiēshòu.

Shāngyāng shìgè cōngmíng rén, tā dàgài néng cāi dào qín xiàogōng xiǎng yào de shì shénmeliǎo. Tā qián liǎng cì jiǎng de wángdào dì dào, dāngrán yě kěyǐ huòdé chénggōng, dàn rúguǒ cǎiyòng zhè zhǒng fāngfǎ xiǎng yào dádào chénggōng, xūyào hàofèi hěn zhǎng de shíjiān. Ér qín xiàogōng xiǎng yào de shì qǔdé chénggōng de jiéjìng, yě jiùshì zài zuìduǎn de shíjiān qǔdé zuìdà de chénggōng. Suǒyǐ tā jiǎng de bàdào zhī shù, qín xiàogōnghuì bǐjiào gǎn xìngqù.

Zuìhòu yīcì, shāngyāng xiàng qín xiàogōng jiǎngshùle fùguó qiáng bīng zhī fǎ. Guǒrán bù chū yìliào. Zhè yī cì, qín xiàogōng shífēn gǎn xìngqù, tīng de dōu kuài rùmíle, hái bùyóuzìzhǔ dì wǎng shāngyāng zhè biān kàojìn, xiǎng yào tīng de gèng qīngchǔ yīxiē, fǎngfú zěnme tīng yě tīng bùgòu, yīlián tánle hǎo jǐ tiān.

Suǒyǐ shāngyāng zuìhòu qǔdéle qín xiào gōng de zhīchí, shāngyāng biànfǎ de xùmù yě yóu cǐ jiē kāi.

CONTEMPLATION OF REFORMS (酝酿变法)

1	得到	Dédào	Get; obtain; gain; receive
2	支持	Zhīchí	Sustain; hold out; bear; support
3	过后	Guòhòu	Afterwards; later
4	酝酿	Yùnniàng	Brew; ferment
5	他的	Tā de	His; him
6	变法	Biànfǎ	Political reform
7	大计	Dàjì	Major program of lasting importance; matter of fundamental importance
8	实施	Shíshī	Put into effect; implement; carry out; bring something into force
9	那么	Nàme	Like that; in that way
10	简单	Jiǎndān	Simple; uncomplicated; plain; simplicity
11	毕竟	Bìjìng	After all; all in all; when all is said and done; in the final analysis
12	意味着	Yìwèizhe	Signify; mean; imply; purport
13	法律法规	Fǎlǜ fǎguī	Laws and regulations; law; Laws & Regulations
14	生活方式	Shēnghuó fāngshì	Lifestyle; way (or mode) of life
15	突然	Túrán	Sudden; abrupt; unexpected; suddenly
16	变革	Biàngé	Transform; reform; alter; change

17	遭到	Zāo dào	Suffer; meet with; encounter
18	反对	Fǎnduì	Oppose; be opposed to; object to; be against
19	立刻	Lìkè	Immediately; at once; right away
20	于是	Yúshì	Thereupon; hence; consequently; as a result
21	召开	Zhàokāi	Convene; convoke
22	会议	Huìyì	Meeting; conference
23	召集	Zhàojí	Call together; convene
24	商议	Shāngyì	Confer; discuss; deliberate
25	果真	Guǒzhēn	If indeed; if really; as expected; really
26	提议	Tíyì	Propose; suggest; move
27	反对意见	Fǎnduì yìjiàn	Dissenting opinion; adverse opinion
28	反对者	Fǎnduì zhě	Dissenter
29	不能够	Bù nénggòu	Unable; not able; Ability and Inability
30	我们的	Wǒmen de	Ours
31	大不敬	Dà bùjìng	Great disrespects to one's superior; great disrespect to one's seniors
32	老百姓	Lǎobǎi xìng	Common people; ordinary people; civilians
33	有好处	Yǒu hǎochù	It pays; useful
34	是不是	Shì bùshì	Isn't it?
35	不一定	Bù yīdìng	Uncertain; not sure; not necessarily so
36	帝王	Dìwáng	Emperor; monarch

37	照样	Zhàoyàng	After a pattern or model
38	统治	Tǒngzhì	Rule; dominate; control; govern
39	教化	Jiàohuà	Enlighten people by education; culture
40	百姓	Bǎixìng	Common people; people
41	如果没有	Rúguǒ méiyǒu	But for
42	十足	Shízú	100 per cent; out-and-out; sheer; downright
43	把握	Bǎwò	Grasp; hold; seize
44	反动	Fǎndòng	Reactionary; reaction
45	辩驳	Biànbó	Dispute; argue and refute; refute
46	周三	Zhōusān	Wednesday
47	春秋	Chūnqiū	Spring and autumn; year; age; annals
48	五霸	Wǔ bà	The Five Powers (Hegemons) of late Zhou; five hegemons of the Spring and Autumn Period (770-476 BC): Huangong of Qi, Wengong of Jin, Zhuangwang of Chu, Helu of Wu, and Goujian of Yue
49	由此可见	Yóu cǐ kějiàn	Thus, it can be seen; from here we see that
50	有必要	Yǒu bìyào	Oblige; be necessary
51	而不是	Ér bùshì	But not; instead of; rather than; other than
52	墨守陈规	Mòshǒu chénguī	Stick to established practices; be conservative
53	经过	Jīngguò	Pass; go through; go by
54	辩论	Biànlùn	Argue; debate

55	言之凿凿	Yán zhī zuò záo	Say something with certainty; be positive about a thing, event, etc.; speak on good grounds
56	征服	Zhēngfú	Conquer; subjugate
57	在内	Zài nèi	Consist in; including; inclusive; inside
58	之后	Zhīhòu	Later; after; afterwards
59	做好	Zuò hǎo	Finish; complete
60	铺垫	Pūdiàn	Bedding

Chinese (中文)

在得到秦孝公的支持过后，商鞅也开始酝酿他的变法大计，但是变法的实施并没有那么简单。

首先秦孝公也面临着很大的压力，毕竟变法就意味着对旧的法律法规的改变，人们都按照这样的生活方式生活了这么久，突然一下变革没准会遭到国人的反对，所以秦孝公也没有立刻实施。

于是秦孝公召开了会议，召集群臣商议此事。果真如他们所料，变法的提议一经提出，就遭到很多的反对意见。

反对者说道，这些都是先祖设下的规矩，是不能够轻易更改的，流传了这么久可不能断在我们的手上，这是对先祖地大不敬啊，但是商鞅反驳道，只要能够富国强兵，只要是对国家，对老百姓有好处，不管是不是先祖流传下来的法制法规，都可以实行，不一定要坚持之前的规定。

但是反对者又接着提出，古代帝王没有变法也照样统治国家，教化百姓，为什么到了现在就一定要变革呢？而且如果没有十足的把握，说变革一定能给人们的生活带来极大的改善，那就没有变法的必要了。

针对这个反动言论，商鞅辩驳道，夏商周三代君都或多或少对制度做出了一定的改变，还有春秋五霸亦是如此，由此可见变法是有必要的，而且是变强的必要，我们应该要与时俱进，而不是墨守陈规。

经过这一番辩论过后，商鞅的言之凿凿征服了含秦孝公在内的很多人，为之后的变法做好了铺垫。

Pinyin (拼音)

Zài dédào qín xiàogōng de zhīchí guòhòu, shāngyāng yě kāishǐ yùnniàng tā de biànfǎ dàjì, dànshì biànfǎ de shíshī bìng méiyǒu nàme jiǎndān.

Shǒuxiān qín xiàogōng yě miànlínzhe hěn dà de yālì, bìjìng biànfǎ jiù yìwèizhe duì jiù de fǎlǜ fǎguī de gǎibiàn, rénmen dōu ànzhào zhèyàng de shēnghuó fāngshì shēnghuóle zhème jiǔ, túrán yīxià biàngé méizhǔn huì zāo dào guórén de fǎnduì, suǒyǐ qín xiàogōng yě méiyǒu lìkè shíshī.

Yúshì qín xiàogōng zhàokāile huìyì, zhàojí qún chén shāngyì cǐ shì. Guǒzhēn rú tāmen suǒ liào, biànfǎ de tíyì yījīng tíchū, jiù zāo dào hěnduō de fǎnduì yìjiàn.

Fǎnduì zhě shuōdao, zhèxiē dōu shì xiānzǔ shè xià de guījǔ, shì bùnénggòu qīngyì gēnggǎi de, liúchuánle zhème jiǔ kě bù néng duàn zài wǒmen de shǒu shàng, zhè shì duì xiānzǔ dì dà bùjìng a, dànshì shāngyāng fǎnbó dào, zhǐyào nénggòu fùguó qiáng bīng, zhǐyào shi duì guójiā, duì lǎobǎixìng yǒu hǎochù, bùguǎn shì bùshì xiānzǔ liúchuán xiàlái de fǎzhì fǎguī, dōu kěyǐ shíxíng, bù yīdìng yào jiānchí zhīqián de guīdìng.

Dànshì fǎnduì zhě yòu jiēzhe tíchū, gǔdài dìwáng méiyǒu biànfǎ yě zhàoyàng tǒngzhì guójiā, jiàohuà bǎixìng, wèishéme dàole xiànzài jiù yīdìng yào biàngé ne? Érqiě rúguǒ méiyǒu shízú de bǎwò, shuō biàngé yīdìng néng jǐ rénmen de shēnghuó dài lái jí dà de gǎishàn, nà jiù méiyǒu biànfǎ de bìyàole.

Zhēnduì zhège fǎndòng yánlùn, shāngyāng biànbó dào, xià shāng zhōu sāndài jūn dōu huò duō huò shǎo duì zhìdù zuò chūle yīdìng de gǎibiàn, hái yǒu chūnqiū wǔ bà yì shì rúcǐ, yóu cǐ kějiàn biànfǎ shì yǒu bìyào de, érqiě shì biàn qiáng de bìyào, wǒmen yīnggāi yào yǔ shí jù jìn, ér bùshì mòshǒu chéngguī.

Jīngguò zhè yī fān biànlùn guòhòu, shāngyāng de yán zhī zuò záo zhēngfúle hán qín xiàogōng zài nèi de hěnduō rén, wéi zhīhòu de biànfǎ zuò hǎole pūdiàn.

IMPLEMENTATION OF POLITICAL REFORMS (实施变法)

1	大致	Dàzhì	Roughly; on the whole; approximately; more or less
2	第一次	Dì yīcì	First; for the first time
3	变法	Biànfǎ	Political reform
4	第二次	Dì èr cì	Second time
5	侧重点	Cè zhòngdiǎn	Point (of emphasis, focus, etc.)
6	不一样	Bù yīyàng	Different; unlike; Not the same
7	接下来	Jiē xiàlái	Then; accept; take
8	介绍	Jièshào	Introduce; present; recommend; suggest
9	铺垫	Pūdiàn	Bedding
10	主要内容	Zhǔyào nèiróng	Main Content; Main Contents; main
11	废除	Fèichú	Abolish; abrogate; annul; annihilate
12	也就是	Yě jiùshì	Namely; i.e.; that is
13	世世代代	Shì shìdài dài	Age after age; for generations; from generation to generation
14	当官	Dāng guān	Fill an office; be an official; be in the presence of an official
15	官职	Guānzhí	Government post; official position
16	军功	Jūngōng	Military exploits
17	可能是	Kěnéng shì	May be; Might be; probable
18	重农抑商	Zhòng nóng yì shāng	Favor agriculture and disfavor commerce
19	本业	Běn yè	Agriculture; farming
20	这一次	Zhè yī cì	This time; on this occasion; for once

21	兵力	Bīnglì	Military strength; armed forces; troops; numerical strength
22	国税	Guóshuì	Central tax; national tax; state tax
23	富国强兵	Fùguó qiáng bīng	Make the country rich and its military force efficient; a prosperous country with a powerful army
24	更进一步	Gèng jìnyībù	Further; furthermore; still further
25	井田制	Jǐngtián zhì	The "nine squares"; A system with one large square divided into 9 small ones, the outer 8 ones being allocated to serfs who had to cultivate the central one for the serf owner
26	土地私有制	Tǔdì sīyǒuzhì	Private land ownership; private ownership of land
27	私有	Sīyǒu	Privately-owned; private
28	在当时	Zài dāngshí	At that time; in those days; at the time
29	大势所趋	Dàshì suǒqū	Represent the general trend
30	度量衡	Dùliàng héng	Length, capacity and weight; weights and measures
31	统一标准	Tǒngyī biāozhǔn	Unified standard
32	户口	Hùkǒu	Number of households and total population; registered permanent residence
33	老百姓	Lǎobǎi xìng	Folk; common people; ordinary people; civilians
34	户籍	Hùjí	Census register; household register; registered permanent residence

35	旧制	Jiùzhì	Old system; the old system of weights and measures
36	尤其是	Yóuqí shì	In particular; the more so; to crown all
37	陋习	Lòuxí	Corrupt customs; bad habits
38	经过	Jīngguò	Pass; go through; go by
39	实力	Shílì	Actual strength; strength
40	大大	Dàdà	Greatly; enormously
41	提升	Tíshēng	Promote; advance; hoist
42	社会生活	Shèhuì shēnghuó	Social life
43	经济实力	Jīngjì shílì	Economic strength
44	有所	Yǒu suǒ	To some extent; somewhat
45	战国七雄	Zhànguó qīxióng	The seven powerful states in the Warring Kingdoms period

Chinese (中文)

商鞅变法大致可以分为两次，分别是第一次变法和第二次变法，两次地侧重点不一样，接下来我们来一一介绍。

在得到秦孝公的支持和为变法做好铺垫后，商鞅便开始了第一次变法。第一次变法的主要内容有：废除之前的世卿世禄制，也就是世世代代当官，官职都被同一家族的人垄断。并且奖励军功，凡是立了军功的人，都有奖励，奖励的可能是官职，也可能是钱财。还有就是重农抑商，重视农业，抑制商业，将农业看做本业，将商业看为末业，并且对商人征收很重的税。

这一次变法，使得秦国的兵力和国税收入都有所提高，秦国也向富国强兵的目标更进一步了。

过了几年后，商鞅被委托进行第二次变法。这一次变法的主要内容有：第一，废除井田制，承认土地私有制。因为土地私有在当时已经是大势所趋，只能顺其道而行之。第二，统一度量衡，制定统一标准。第三，编订户口，将老百姓都统一纳入户籍之中，并且按照人口征收税赋。第四，废除之前的旧制，尤其是一些陋习。

经过第二次变法后，秦国的实力得到了大大的提升，社会生活和经济实力有有所改善，秦国也正因此一跃成为战国七雄之首。

Pinyin (拼音)

Shāngyāng biànfǎ dàzhì kěyǐ fēn wéi liǎng cì, fēnbié shì dì yīcì biànfǎ hé dì èr cì biànfǎ, liǎng cì de cè zhòngdiǎn bù yīyàng, jiē xiàlái wǒmen lái yīyī jièshào.

Zài dédào qín xiàogōng de zhīchí hé wèi biànfǎ zuò hǎo pūdiàn hòu, shāngyāng biàn kāishǐle dì yīcì biànfǎ. Dì yī cì biànfǎ de zhǔyào nèiróng yǒu: Fèichú zhīqián de shì qīng shì lù zhì, yě jiùshì shì shìdài dài dāng guān, guānzhí dōu bèi tóngyī jiāzú de rén lǒngduàn. Bìngqiě jiǎnglì jūngōng, fánshì lìle jūngōng de rén, dōu yǒu jiǎnglì, jiǎnglì de kěnéng shì guānzhí, yě kěnéng shì qiáncái. Hái yǒu jiùshì zhòng nóng yì shāng, zhòngshì nóngyè, yìzhì shāngyè, jiāng nóngyè kàn zuò běn yè, jiāng shāngyè kàn wèi mò yè, bìngqiě duì shāngrén zhēngshōu hěn zhòng de shuì.

Zhè yī cì biànfǎ, shǐdé qín guó de bīnglì hé guóshuì shōurù dōu yǒu suǒ tígāo, qín guó yě xiàng fùguó qiáng bīng de mùbiāo gèng jìnyībùle.

Guò le jǐ nián hòu, shāngyāng bèi wěituō jìnxíng dì èr cì biànfǎ. Zhè yī cì biànfǎ de zhǔyào nèiróng yǒu: Dì yī, fèichú jǐngtiánzhì, chéngrèn tǔdì sīyǒuzhì. Yīnwèi tǔdì sīyǒu zài dāngshí yǐjīng shì dàshìsuǒqū, zhǐ néng shùn qí dào ér xíng zhī. Dì èr, tǒngyī dùliànghéng, zhìdìng tǒngyī biāozhǔn. Dì sān, biāndìng hùkǒu, jiāng lǎobǎixìng dū tǒngyī nàrù hùjí zhī zhōng, bìngqiě ànzhào rénkǒu zhēngshōu shuì fù. Dì sì, fèichú zhīqián de jiùzhì, yóuqí shì yīxiē lòuxí.

Jīngguò dì èr cì biànfǎ hòu, qín guó de shílì dédàole dàdà de tíshēng, shèhuì shēnghuó hé jīngjì shílì yǒu yǒu suǒ gǎishàn, qín guó yě zhèng yīncǐ yī yuè chéngwéi zhànguó qīxióng zhī shǒu.

FALSELY ACCUSED AND KILLED (诬告被杀)

1	尽管	Jǐnguǎn	Despite; not hesitate to
2	做出	Zuò chū	Make (a decision, etc.)
3	很大	Hěn dà	Great; large
4	贡献	Gòngxiàn	Contribute; dedicate; devote; contribution
5	但是	Dànshì	But; however; yet; still
6	结局	Jiéjú	Final result; outcome; ending; grand finale
7	悲惨	Bēicǎn	Miserable; sad and shocking
8	上位	Shàngwèi	Superior
9	朝廷	Cháotíng	Royal or imperial court
10	没有了	Méiyǒule	No; Nothing; No more
11	庇护	Bìhù	Shield; shelter; protect
12	变法	Biànfǎ	Political reform
13	得罪	Dézuì	Offend; displease
14	不满	Bùmǎn	Resentful; discontented; dissatisfied
15	报复	Bàofù	Make reprisals; take vengeance on; retaliate; revenge
16	诬告	Wúgào	Lodge a false accusation; bring a false charge; trump up a charge
17	谋反	Móufǎn	Conspire against the state; plot treason
18	不明	Bùmíng	Not clear; unknown
19	分说	Fēn shuō	Defend oneself; explain matters
20	下令	Xiàlìng	Give orders; order
21	逮捕	Dàibǔ	Arrest; take into custody
22	无奈	Wúnài	Cannot help but; have no

			alternative; have no choice
23	之下	Zhī xià	Under
24	出逃	Chūtáo	Run away; escape; flee
25	边关	Biānguān	Frontier juncture
26	路途	Lùtú	Road; path
27	颠簸	Diānbǒ	Jolt; bump; toss; thrashing
28	留宿	Liúsù	Put up a guest for the night
29	凭证	Píngzhèng	Voucher; proof; evidence; certificate
30	店主	Diànzhǔ	Shopkeeper; storekeeper
31	当初	Dāngchū	At the beginning; originally; at the outset; in the first place
32	法律规定	Fǎlǜ guīdìng	Legal provision; legal rules
33	治罪	Zhìzuì	Punish somebody
34	触犯法律	Chùfàn fǎlǜ	Violate (or break) the law
35	而且	Érqiě	Not only this, but also; and that
36	还是	Háishì	Still; nevertheless; all the same
37	制定	Zhìdìng	Lay down; draw up; formulate
38	法律	Fǎlǜ	Law; statute
39	认出	Rèn chū	Recognize; identify; make out
40	口气	Kǒuqì	Tone; note
41	没想到	Méi xiǎngdào	Have not expected or thought of
42	石头	Shítou	Rock
43	自己的	Zìjǐ de	Self
44	下去	Xiàqù	Go down; descend; down
45	曾经	Céngjīng	Once
46	公子	Gōngzǐ	Son of a feudal prince or high official
47	所以	Suǒyǐ	So; therefore; as a result
48	仇怨	Chóuyuàn	Hatred; enmity; hostility

49	最后	Zuìhòu	Last; final; ultimate
50	拒绝	Jùjué	Refuse; reject; turn down; decline
51	本来	Běnlái	Original
52	害怕	Hàipà	Fear; be afraid; be scared; be afraid of something
53	实力	Shílì	Actual strength; strength
54	到时候	Dào shíhòu	By the time; That time; in due course; at that time
55	帽子	Màozi	Cap; hat; headgear; label
56	于是	Yúshì	Thereupon; hence; consequently; as a result
57	扣押	Kòuyā	Detain; seize; hold in custody
58	回去	Huíqù	Return; go back; be back; back
59	只好	Zhǐhǎo	Have to; be forced to
60	偷偷	Tōutōu	Stealthily; secretly; covertly
61	还好	Hái hǎo	Not bad; passable
62	当时	Dāngshí	Then; at that time; just at that moment; right away
63	封地	Fēngdì	Fief; feud; manor
64	回到	Huí dào	Return to; go back to
65	他的	Tā de	His; him
66	不久之后	Bùjiǔ zhīhòu	Before long; soon after; shortly afterwards
67	听到	Tīng dào	Listen in; meet the ear; hear; notice
68	回来	Huílái	Return; come back; be back
69	消息	Xiāoxī	News; information; tidings
70	一己	Yījǐ	Self; oneself
71	对抗	Duìkàng	Antagonism; confrontation; antagonize; counter
72	强大	Qiángdà	Big and powerful; powerful; formidable

73	车裂	Chēliè	Tearing a person asunder by five carts
74	极刑	Jíxíng	Capital punishment; the death penalty
75	法律法规	Fǎlǜ fǎguī	Laws and regulations; law; Laws & Regulations
76	沿用	Yányòng	Continue to use
77	足以证明	Zúyǐ zhèngmíng	Suffice to show that
78	重要性	Zhòngyào xìng	Importance; significance
79	他的名字	Tā de míngzì	His name
80	永远	Yǒngyuǎn	Always; forever; ever; in perpetuity
81	心中	Xīnzhōng	In the heart; at heart; in mind

Chinese (中文)

尽管商鞅变法对秦国做出了很大的贡献，但是商鞅的结局是很悲惨的。

自秦孝公死后，秦惠王上位，朝廷中也便没有了庇护商鞅的人。商鞅之前变法的时候，便得罪了很多人。所以之前那些对商鞅有不满的人，趁此机会想要报复商鞅，诬告商鞅有谋反的意图。

这秦惠王不明分说就是下令逮捕商鞅，商鞅无奈之下只能出逃。

商鞅逃到了边关，路途颠簸，想要在一个店里留宿一晚。但是商鞅并没有带凭证，店主便不让他留宿。因为当初有法律规定，没有凭证留宿的人是要治罪的，店主也不敢触犯法律。而且这还是商鞅制定的法律，店主并没有认出这是商鞅。商鞅叹了口气，没想到自己搬起石头砸了自己的脚。

商鞅在秦国是待不下去了，便逃去魏国，但是商鞅曾经亲收抓过魏国的公子，所以和魏国也有仇怨，所以最后也被魏国拒绝了。

本来商鞅还想逃到其他国家去，但是魏国害怕秦国的实力，怕秦国到时候给他扣上一顶包庇罪犯的帽子，于是想着把商鞅扣押回去。

无奈之下，商鞅只好又偷偷潜回秦国。还好当时秦孝公给了他一块封地，他就回到他的封地。

但是不久之后，秦惠公听到商鞅回来的消息，便派兵抓捕商鞅。商鞅如何能以一己之力对抗强大的秦国，最后还被处以车裂的极刑。

尽管商鞅最后死了，但是他制定的法律法规并没有被废除，而是还在沿用着，这足以证明商鞅的重要性。虽然他身死，但是他的名字将永远留在人们的心中。

Pinyin (拼音)

Jǐnguǎn shāngyāng biànfǎ duì qín guó zuò chūle hěn dà de gòngxiàn, dànshì shāngyāng de jiéjú shì hěn bēicǎn de.

Zì qín xiàogōng sǐ hòu, qín huì wáng shàngwèi, cháotíng zhōng yě biàn méiyǒule bìhù shāngyāng de rén. Shāngyāng zhīqián biànfǎ de shíhòu, biàn dézuìle hěnduō rén. Suǒyǐ zhīqián nàxiē duì shāngyāng yǒu bùmǎn de rén, chèn cǐ jīhuì xiǎng yào bàofù shāngyāng, wúgào shāngyāng yǒu móufǎn de yìtú.

Zhè qín huì wáng bùmíng fēn shuō jiùshì xiàlìng dàibǔ shāngyāng, shāngyāng wúnài zhī xià zhǐ néng chūtáo.

Shāngyāng táo dàole biānguān, lùtú diānbǒ, xiǎng yào zài yīgè diàn lǐ liúsù yī wǎn. Dànshì shāngyāng bìng méiyǒu dài píngzhèng, diànzhǔ biàn bù ràng tā liúsù. Yīnwèi dāngchū yǒu fǎlǜ guīdìng, méiyǒu píngzhèng liúsù de rén shì yào zhìzuì de, diànzhǔ yě bù gǎn chùfàn fǎlǜ. Érqiě zhè háishì shāngyāng zhìdìng de fǎlǜ, diànzhǔ bìng méiyǒu rèn chū zhè shì shāngyāng. Shāngyāng tànle kǒuqì, méi xiǎngdào zìjǐ bān qǐ shítou zále zìjǐ de jiǎo.

Shāngyāng zài qín guó shì dài bù xiàqùle, biàn táo qù wèi guó, dànshì shāngyāng céngjīng qīn shōu zhuāguò wèi guó de gōngzǐ, suǒyǐ hé wèi guó yěyǒu chóuyuàn, suǒyǐ zuìhòu yě bèi wèi guó jùjuéle.

Běnlái shāngyāng hái xiǎng táo dào qítā guójiā qù, dànshì wèi guó hàipà qín guó de shílì, pà qín guó dào shíhòu gěi tā kòu shàng yī dǐng bāobì zuìfàn de màozi, yúshì xiǎngzhe bǎ shāngyāng kòuyā huíqù.

Wúnài zhī xià, shāngyāng zhǐhǎo yòu tōutōu qián huí qín guó. Hái hǎo dāngshí qín xiàogōng gěile tā yīkuài fēngdì, tā jiù huí dào tā de fēngdì.

Dànshì bùjiǔ zhīhòu, qínhuìgōng tīng dào shāngyāng huílái de xiāoxī, biàn pàibīng zhuā bǔ shāngyāng. Shāngyāng rúhé néng yǐ yījǐ zhī lì duìkàng qiángdà de qín guó, zuìhòu hái bèi chǔ yǐ chēliè de jíxíng.

Jǐnguǎn shāngyāng zuìhòu sǐle, dànshì tā zhìdìng de fǎlǜ fǎguī bìng méiyǒu bèi fèichú, ér shì hái zài yányòngzhe, zhè zúyǐ zhèngmíng shāngyāng de zhòngyào xìng. Suīrán tā shēn sǐ, dànshì tā de míngzì jiāng yǒngyuǎn liú zài rénmen de xīnzhōng.

LEGACY (个人影响)

1	后世	Hòushì	Later ages; later generations
2	影响	Yǐngxiǎng	Influence; affect; effect
3	主要	Zhǔyào	Main; chief; principal; major
4	集中在	Jízhōng zài	Center at
5	变法	Biànfǎ	Political reform
6	方面	Fāngmiàn	Respect; aspect; side; field
7	第一个	Dì yī gè	First; the first; the first one
8	第二个	Dì èr gè	The second; 2nd; A second
9	首先	Shǒuxiān	First
10	一下	Yīxià	One time; once
11	强国	Qiángguó	Powerful nation; power
12	十分	Shífēn	Very; fully; utterly; extremely
13	战国七雄	Zhànguó qīxióng	The seven powerful states in the Warring Kingdoms period
14	后来	Hòulái	Afterwards; later; then
15	统一天下	Tǒngyī tiānxià	Unification of the whole country
16	结合	Jiéhé	Combine; unite; integrate; link
17	法家	Fǎ jiā	Legalist
18	思想	Sīxiǎng	Thought; thinking; idea; ideology
19	国情	Guóqíng	The condition of a country; national conditions
20	做出	Zuò chū	Make (a decision, etc.)
21	针对性	Zhēnduì xìng	Focus
22	政治上	Zhèngzhì shàng	Political; in politics
23	完善	Wánshàn	Perfect; improve and perfect;

			consummate
24	建立	Jiànlì	Build; set up; establish; building-up
25	中央集权	Zhōngyāng jíquán	Centralization
26	制度	Zhìdù	System; institution
27	之后	Zhīhòu	Later; after; afterwards
28	统治	Tǒngzhì	Rule; dominate; control; govern
29	奠定	Diàndìng	Establish; settle; make firm or stable
30	基础	Jīchǔ	Foundation; base; basis; seat
31	经济	Jīngjì	Economy; economic; of industrial or economic value; financial condition
32	确立	Quèlì	Establish
33	土地私有制	Tǔdì sīyǒuzhì	Private land ownership; private ownership of land
34	改变	Gǎibiàn	Change; alter; transform; turn
35	之前	Zhīqián	Before; prior to; ago
36	生产关系	Shēng chǎn guānxì	Relations of production; production relations
37	达到	Dádào	Achieve; attain; reach
38	境界	Jìngjiè	Boundary; extent reached; plane attained;
39	奖励	Jiǎnglì	Encourage and reward; award; reward
40	军功	Jūngōng	Military exploits
41	极大	Jí dà	Maximum
42	参军	Cānjūn	Join the army; join up; enlist

43	积极性	Jījíxìng	Initiative; activity; aggressiveness; fire in somebody's belly
44	战斗力	Zhàn dòulì	Combat effectiveness; fighting capacity
45	扩充	Kuò chōng	Expand; augment; enlarge; extend
46	兵力	Bīnglì	Military strength; armed forces; troops; numerical strength
47	国防	Guófáng	National defense
48	不仅仅	Bùjǐn jǐn	More than; Not only; not just
49	产生	Chǎnshēng	Produce; engender; emerge; come into being
50	很大	Hěn dà	Great; large
51	深远	Shēnyuǎn	Profound and lasting; far-reaching
52	举措	Jǔcuò	Measures; behave; move; act
53	影子	Yǐngzi	Shadow; reflection; trace; sign
54	故事	Gùshì	Story; tale; plot; old practice; routine
55	提到	Tí dào	Mention; refer to
56	入住	Rùzhù	Move into (a house)
57	客舍	Kè shě	Guest house; hotel; inn
58	有凭证	Yǒu píngzhèng	Documentary
59	也就是	Yě jiùshì	Namely; i.e.; that is
60	酒店	Jiǔdiàn	Wine shop; tavern; dispensary
61	身份证	Shēnfèn zhèng	Identity card; ID card
62	比如说	Bǐrú shuō	For example; For example; say; For instance

63	纳入	Nàrù	Bring into; fit into
64	户籍	Hùjí	Census register; household register; registered permanent residence
65	纳税	Nàshuì	Pay taxes; pay duty
66	沿用	Yányòng	Continue to use
67	至今	Zhìjīn	Up to now; hitherto; to this day; so far
68	人口普查	Rénkǒu pǔchá	Population census
69	当时	Dāngshí	Then; at that time;
70	风俗习惯	Fēngsú xíguàn	Social customs and habits
71	风俗	Fēngsú	Custom
72	父子	Fùzǐ	Father and son
73	兄弟	Xiōngdì	Brothers; fraternal; brotherly
74	同住	Tóng zhù	Cohabit
75	屋檐	Wūyán	Eave; check; easing
76	分家	Fēn jiā	Divide up family property and live apart; break up the family and live apart
77	规矩	Guījǔ	Rule; established practice; custom
78	由此可见	Yóu cǐ kějiàn	Thus, it can be seen; it follows that
79	影响力	Yǐngxiǎng lì	Influence
80	还是	Háishì	Still; nevertheless; all the same
81	应当	Yīngdāng	Should; ought to; duty-bound; naturally
82	辩证	Biànzhèng	Discriminate; dialectical
83	看待	Kàndài	Look upon; regard; treat

Chinese (中文)

商鞅对后世的影响主要集中在商鞅变法上。商鞅变法的影响，我们主要分为两个方面来写，第一个是对秦国的影响，第二个是对后世的影响。

首先来讲一下对秦国的影响。商鞅变法使秦国成为一个强国，这是一次十分彻底的改革，也是一次成功的改革，商鞅变法让秦国一跃成为战国七雄之首，也为后来的秦国统一天下打好了基础。

商鞅结合法家的思想和秦国的国情，对秦国做出了有针对性的变法。

在政治上，完善建立了中央集权制度，为之后的统治奠定了基础。

在经济上，确立了土地私有制，改变了之前的生产关系，达到一个新的境界。

在军事上，奖励军功，极大的提高了人们参军的积极性和军队的战斗力，扩充兵力，加强国防。

商鞅变法不仅仅对秦国产生很大的影响，对后世也有着深远的影响。

商鞅的很多举措在我们现在的生活中还能看到影子。上个故事提到的，入住客舍要有凭证，也就是我们现在的住酒店要用身份证。

还比如说商鞅制定的编辑户口的措施，当时是为了把人口纳入户籍之中，然后按人头纳税，而这一制度也一直沿用至今，也就是我们现在的人口普查。

商鞅对当时的风俗习惯做出了很大的改变，当时秦国的风俗是父子兄弟都同住一个屋檐下，商鞅则规定父子兄弟早分家住，我们现在的规矩亦是如此。

由此可见商鞅的影响力还是很大的，我们应当辩证的看待他。

Pinyin (拼音)

Shāngyāng duì hòushì de yǐngxiǎng zhǔyào jízhōng zài shāngyāng biànfǎ shàng. Shāngyāng biànfǎ de yǐngxiǎng, wǒmen zhǔyào fēn wéi liǎng gè fāngmiàn lái xiě, dì yīgè shì duì qín guó de yǐngxiǎng, dì èr gè shì duì hòushì de yǐngxiǎng.

Shǒuxiān lái jiǎng yīxià duì qín guó de yǐngxiǎng. Shāngyāng biànfǎ shǐ qín guó chéngwéi yīgè qiángguó, zhè shì yīcì shífēn chèdǐ de gǎigé, yěshì yīcì chénggōng de gǎigé, shāngyāng biànfǎ ràng qín guó yī yuè chéngwéi zhànguó qīxióng zhī shǒu, yě wèi hòulái de qín guó tǒngyī tiānxià dǎ hǎole jīchǔ.

Shāngyāng jiéhé fǎ jiā de sīxiǎng hé qín guó de guóqíng, duì qín guó zuò chūle yǒu zhēnduì xìng de biànfǎ.

Zài zhèngzhì shàng, wánshàn jiànlìle zhōngyāng jíquán zhìdù, wéi zhīhòu de tǒngzhì diàndìngle jīchǔ.

Zài jīngjì shàng, quèlìle tǔdì sīyǒuzhì, gǎibiàn liǎo zhīqián de shēngchǎn guānxì, dádào yīgè xīn de jìngjiè.

Zài jūnshì shàng, jiǎnglì jūngōng, jí dà de tígāole rénmen cānjūn de jījíxìng hé jūnduì de zhàndòulì, kuòchōng bīnglì, jiāqiáng guófáng.

Shāngyāng biànfǎ bùjǐn jǐn duì qín guó chǎnshēng hěn dà de yǐngxiǎng, duì hòushì yěyǒuzhe shēnyuǎn de yǐngxiǎng.

Shāngyāng de hěnduō jǔcuò zài wǒmen xiànzài de shēnghuó zhōng hái néng kàn dào yǐngzi. Shàng gè gùshì tí dào de, rùzhù kè shě yào yǒu píngzhèng, yě jiùshì wǒmen xiànzài de zhù jiǔdiàn yào yòng shēnfèn zhèng.

Hái bǐrú shuō shāngyāng zhìdìng de biānjí hùkǒu de cuòshī, dāngshí shì wèile bǎ rénkǒu nàrù hùjí zhī zhōng, ránhòu àn réntóu nàshuì, ér zhè yī zhìdù yě yīzhí yányòng zhìjīn, yě jiùshì wǒmen xiànzài de rénkǒu pǔchá.

Shāngyāng duì dāngshí de fēngsú xíguàn zuò chūle hěn dà de gǎi biàn, dāngshí qín guó de fēngsú shì fùzǐ xiōngdì dōu tóng zhù yī gè wūyán xià, shāngyāng zé guīdìng fùzǐ xiōngdì zǎo fēn jiāzhù, wǒmen xiànzài de guījǔ yì shì rúcǐ.

Yóu cǐ kějiàn shāngyāng de yǐngxiǎng lì háishì hěn dà de, wǒmen yīngdāng biànzhèng de kàndài tā.

www.QuoraChinese.com

www.ingramcontent.com/pod-product-compliance
Lightning Source LLC
LaVergne TN
LVHW061958070526
838199LV00060B/4189